Éclats d'Inspiration
Tome 2

Amarys SHAKUR

Tous autant que nous sommes, avons quelque chose à dire. Et en chacun de nous brûle cette flamme trop souvent ignorée. Pourtant, arrivera un moment, où elle se fera tellement pesante qu'obligés nous serons de lui donner pleine manifestation.

Amarys SHAKUR

Préface :

C'est avec un immense privilège que je donne suite à la sollicitation de mon jeune frère, Amadou Mary SISSOKO pour porter un témoignage sur ce livre au nom de la complicité qui nous unit depuis plus d'une décennie de notre village dans le sahel du Mali, en passant par l'Algérie jusqu'en France. L'occasion de le remercier pour cette marque de considération pour cet exercice ô combien agréable.

D'abord, il me revient aujourd'hui de dire que Amadou Mary est la définition du courage, de l'excellence, de la bienveillance, de l'enthousiasme, de l'intégrité... Il possède un cœur d'ange. Au fil des années, j'ai constaté qu'il n'hésite pas une seconde lorsque les autres lui font appel tant sur le plan personnel que professionnel. Mon constat après lecture est que ce livre fait ressortir dans son acceptation la plus large cette cohérence de Amadou Mary à travers ses pensées, ses attitudes, ses habitudes et les enseignements qu'il nous fait grâce. Effectivement aux âmes bien nées, la valeur n'attend point le nombre des années. , il me plaît de témoigner que ce jeune au destin exceptionnel vit en phase avec ce qu'il nous partage dans cet ouvrage avec humilité et rigueur. Que vous soyez docteur, président directeur général, bachelier, simple employé, enseignant, étudiant, balayeur de votre état, stagiaire, chercheur d'emploi ou même élève, cette source intarissable d'inspiration vous est destinée.

Amarys SHAKUR

Ces pépites ont le pouvoir de nous permettre de faire la paix avec le passé, de vivre d'une manière écologique, d'avancer, de progresser à votre rythme dans le présent, d'être une source d'inspiration pour d'autres et d'espérer atteindre vos accomplissements dans le futur en toute sérénité.

DIALLO Mamadou Lamine (Coach Certifié, Directeur de Développement International chez TRAINIS, Business Manager et Consultant International, Co-Partenaire chez STUDELY, Superviseur chez Go-Études BF)

Remerciement :

Chers lecteurs, tenez entre vos mains bien plus qu'un simple livre de citations. Vous détenez une source d'inspiration intarissable qui vous accompagnera tout au long de votre vie. Puissent ces mots vous guider vers une existence plus épanouissante, une existence où vous oserez aller au-delà de vos limites, où vous ferez briller votre lumière unique dans et pour l'univers. Il ne me reste qu'à vous souhaiter un voyage éblouissant à travers ces pépites. Tout en espérant que vous y trouverez le souffle qui nourrira vos rêves et vous propulsera vers vos plus grands accomplissements.

Amicalement, **Amarys SHAKUR.**

                    Amarys SHAKUR

Amarys SHAKUR

**Aura mauvaise grâce d'accuser qui que soit celui qui
se doit d'abord d'ordonner sa propre vie.**

Une personne qui a elle-même des problèmes à régler ou des aspects de sa vie à améliorer est mal placée pour accuser ou critiquer autrui. Avant de blâmer ou de juger les autres, il est crucial de s'assurer que l'on a soi-même pris les mesures nécessaires pour vivre de manière responsable, en accord avec soi et ses propres valeurs. On se doit de cultiver responsabilité et intégrité, de pratiquer ce que l'on prêche et surtout se concentrer sur l'amélioration de son quotidien avant de pointer du doigt celle d'autrui. Elle souligne et encourage la cohérence et une introspection personnelle avant d'émettre des critiques envers ses paires.

Je ne puis, ne dois et m'interdis de juger qui que ce soit.

Il ne faut ni juger, ni condamner personne. Le sens du devoir et le choix conscient de s'abstenir de juger et de critiquer les autres reflète une attitude de respect, de compréhension et de tolérance envers autrui tout en reconnaissant que chacun a son propre parcours et ses propres motivations. Une approche bienveillante et prudente revient à éviter de porter des jugements hâtifs, favorisant ainsi des relations plus positives et empreintes de compassion.

Amarys SHAKUR

Aujourd'hui, nombre d'entre nous excellent dans l'art de critiquer et de juger autrui, pourtant incapables de faire ne serait-ce que le bilan de nos tristes et pitoyables vies.

De nos jours, beaucoup de personnes sont expertes dans l'art de critiquer et juger les autres, mais incapables d'évaluer leurs propres vies. Il est aisé de parler des défauts du monde, mais difficile se remettre en question. Pourquoi tant d'effort et de concentration sur les erreurs d'autrui oubliant ainsi d'examiner nos propres choix et expériences ? La nécessité de répondre à cette interrogation demande une réflexion sérieuse sur notre propre comportement.

Amarys SHAKUR

Ayons autour de nous des êtres qui procurent : Paix, Intelligence et finance.

Il est important, voire nécessaire d'avoir des relations positives et bénéfiques dans notre vie. Nous nous devons de nous entourer d'individus qui apportent ces trois éléments essentiels. Ces personnes seront sources de relations harmonieuses et sans conflits, de stimulations mentales, de partage d'idées enrichissantes, et en mesure de proposer des opportunités d'instruction, de découverte et/ou économiques. En choisissant consciemment de nous entourer de personnes qui contribuent à ces aspects, nous initions la création d'un environnement favorable à la croissance personnelle et au bien-être global. Être sélectif dans nos relations, prioriser celles qui ajoutent de la valeur et du positif à notre vie est un élan vers notre réalisation.

Amarys SHAKUR

Aussi épais soit l'ombre du désespoir, Elle ne peut ni ne doit éteindre la lumière dont fait jouir l'espoir.

Même lorsque nous sommes confrontés à des moments de désespoir et d'obscurité émotionnelle, une lueur d'espoir continue de briller au plus profond de nous. La résilience malgré les difficultés encourage à ne pas laisser le désespoir éteindre cette lueur, à garder en tête que même dans les moments les plus sombres, il existe une possibilité de changement et d'amélioration. C'est cet optimisme et cette persévérance qui face aux épreuves de la vie nous conduiront vers Lui et ses bienfaits.

Amarys SHAKUR

Apprenez et acceptez de pardonner, non pas parce que le fautif s'est excusé ou parce qu'il reconnaît la douleur qu'il vous a causé, mais tout simplement parce que vous méritez la paix.

Il est important d'apprendre à pardonner, non pas en fonction des excuses ou de la reconnaissance de la douleur par la personne responsable, mais simplement pour préserver votre propre paix intérieure. Elle met en avant le pouvoir libérateur du pardon, qui ne dépend pas forcément des actions de la personne fautive, mais plutôt de votre propre pouvoir intérieure. Alors, il ne faut surtout pas laisser la colère ou la rancœur dicter vos émotions.

Telle une fenêtre, mon devoir est de laisser tout simplement votre lumière se manifester afin d'émerveiller le monde.

Dans nos courses folles et désirs démesurés, nous sommes tous en mesure de faire office d'une modeste et généreuse fenêtre. Celle-là même qui se donne le devoir de se mettre en retrait, laissant ainsi la lumière intérieure d'autrui atteindre et illuminer le monde. En agissant ainsi, la petite fenêtre peut inspirer et émerveiller les autres par sa présence silencieuse et sa contribution positive. Ainsi, sa raison d'être serait de faire briller la véritable essence de chacun, et ensuite faciliter le partage de cette lumière avec le monde.

Amarys SHAKUR

Bien des fois, les plus belles apparences cachent de biens sombres desseins.

Ce qui semble beau, positif ou agréable en surface peut en réalité cacher des intentions malveillantes et malsaines. Elle avertit contre le jugement basé uniquement sur les apparences, soulignant l'importance de creuser toute raison gardée plus profondément pour comprendre la véritable nature des choses ou des personnes. Elle nous invite à la prudence et à la méfiance envers les premières impressions, rappelant que la réalité peut être bien différente de ce qui est initialement perceptible. C'est un appel à l'observation attentive et à la réserve dans les jugements.

                                    Amarys SHAKUR

A quoi bon demeurer esclave de son passé et soucieux de son avenir si l'on peut jouir, implémenter et s'épanouir abondamment maintenant ?

Il faut vivre pleinement dans le présent plutôt que de rester attacher au passé ou de s'inquiéter excessivement du futur. Se préoccuper du passé ou du futur peut nous priver de l'occasion de profiter, de mettre en œuvre et de s'épanouir dans l'instant présent. L'idée est de concentrer, orienter son énergie et son attention sur le présent, en tirant le meilleur parti de chaque instant. Le bonheur et la réalisation personnelle sont accessibles en appréciant et en exploitant les opportunités actuelles, plutôt qu'en étant obsédé par ce qui s'est déjà passé ou ce qui pourrait arriver. Embrassons la joie et l'énorme potentiel du moment présent, ils sont sources d'un bonheur jusque-là insoupçonné.

Créons ensemble cette symphonie au sein de la musique inaudible de l'univers de notre Amour.

Apprenons à créer une harmonie profonde et significative au sein de l'univers. Cette métaphore représente la puissance et la beauté de l'amour qui transcende les mots et les limites physiques. L'amour est une force créatrice et transformative, elle unit les individus dans un esprit d'unité et d'harmonie. En collaborant pour cultiver et exprimer l'amour de manière profonde et authentique, on peut contribuer à enrichir la vie et à créer une connexion profonde avec les autres et avec l'univers dans son ensemble.

 Amarys SHAKUR

Cherchons et puisons aux sources profondes de notre être cette ardente détermination d'accomplir nos objectifs et ce, peu importe le sacrifice.

Atteindre nos objectifs est un exercice de longue haleine. En puisant dans nos ressources intérieures, on cultive une motivation passionnée qui nous pousse à poursuivre nos aspirations, même si cela nécessite des sacrifices. Ceci nous forge et nous prédispose à surmonter les obstacles, à embrasser une attitude de persévérance et de dévouement envers nos objectifs, une inébranlable détermination pour atteindre le succès.

Chaque nouvelle altitude demande un changement, une déconstruction voire un sacrifice difficilement nécessaire.

Chaque fois que l'on vise de nouveaux objectifs, cela exige un ajustement significatif. On sent alors l'énorme nécessité d'adapter nos comportements, nos croyances et nos habitudes pour progresser. On entre ainsi dans un processus de remise en question, de déconstruction utile et d'abandon de certains schémas et habitudes obsolètes pour mieux avancer. Pour s'accomplir, il faut donc développer une attitude proactive, et initier des changements significatifs afin d'atteindre de nouveaux horizons. En somme, l'évolution personnelle et la réussite exigent des ajustements continus et des sacrifices.

Amarys SHAKUR

En Dieu, par Dieu et avec Dieu, prononcer la vérité-Une et parler dans la perle de la perfection aux cœurs de vos semblables.

Cette approche spirituelle et éthique exprime l'idée selon laquelle, la communication doit être guidée par des principes qui s'alignent avec la vérité. Le discours ainsi observé, est synonyme de sincérité, d'authenticité, de délicatesse et issu d'une réflexion profonde. Il raisonne ainsi aux cœurs avec empathie et compassion dans le but de transmettre des valeurs positives et grandissantes.

Si croire consiste à s'abstenir du doute, entreprendre revient donc à entretenir cette croyance jusqu'à sa manifestation réelle.

Même la croyance se prouve par de l'action. Croire en quelque chose implique de ne pas douter de sa réalité, et agir, c'est cultiver et maintenir cette croyance jusqu'à ce qu'elle se matérialise concrètement. En somme, cette citation nous encourage à transformer nos croyances en actions concrètes pour créer les résultats que nous souhaitons voir se concrétiser.

Amarys SHAKUR

Je n'ai pas besoin d'hypocrisie dans ma quête divine, car elle empoisonne tout état de bonté et empêche ainsi à la pétillance divine une manifestation certaine.

Dans la recherche d'une connexion spirituelle profonde, il faut s'astreindre à la sincérité. L'hypocrisie, c'est-à-dire l'acte de prétendre être différent de ce que l'on est réellement, peut compromettre la pureté et la bonté d'une quête. Elle peut également entraver l'expression de la manifestation lumineuse et authentique de la spiritualité. L'authenticité et l'intégrité dans la démarche spirituelle, mettent en avant la nécessité de se libérer de toute fausseté ou duplicité pour permettre à votre lumière intérieure de briller de manière puissante, fluide, et sincère. Sincérité qui assure la pleine connexion avec notre dimension divine.

Évitons en tout état de cause, de circonstance, de temps ainsi que de lieu de brancher notre être surtout sa partie non consciente sur les prises d'idées d'échecs.

Peu importe la situation, le moment ou l'endroit, il faut éviter de laisser notre esprit, en particulier notre partie subconsciente, se concentrer sur des idées d'échec. Il est important de maintenir une mentalité positive et constructive, en choisissant de nourrir des pensées qui favorisent la confiance, la croissance et la réussite plutôt que de se laisser absorber par des pensées limitantes.

Amarys SHAKUR

Être en équilibre instable émane du fait qu'on est incapable de mettre nos actes en accord avec nos dires mais aussi et surtout incapable de pouvoir mettre en accord nos idées et nos actes.

De l''incohérence entre nos paroles, nos actions et nos idées en résulte un déséquilibre intérieur. Lorsque nos actions ne correspondent pas à nos paroles et lorsque nos idées ne sont pas alignées avec nos actions, nous sommes la définition même de la contradiction. L'intégrité et la cohérence de nos actions sont essentielles pour parvenir à un équilibre plus solide.

En matière de succès et de réussite, aucune gymnastique mentale complexe à prescrire n'est nécessaire car après avoir défini qui l'on est et ce que l'on veut juste trois conditions sont nécessaires à remplir : la persévérance, la persévérance et encore la persévérance.

La persévérance est sans conteste un élément prépondérant dans nos quêtes de succès et de réussite. Une fois que l'on a une compréhension claire de soi-même et de ses objectifs, il n'est pas nécessaire de s'engager dans des stratégies compliquées. Cela souligne que la détermination face aux défis et aux obstacles, la constance et la persistance sont essentielles pour atteindre nos plus hauts sommets.

En toute bonne initiative, il faut de la pratique. Oui beaucoup de pratiques.

Réussir une nouvelle entreprise ou exceller dans un domaine, exige de l'humilité et beaucoup de patience. La répétition et l'engagement sont nécessaires pour acquérir les compétences, la maîtrise et la confiance nécessaires pour réussir. Ceci induit un processus de perfectionnement qui demande du temps, beaucoup d'effort et une méthodologie travail intelligente afin d'atteindre l'excellence souhaitée.

Amarys SHAKUR

Déconstruire les barrages, dompter les lots d'obstacles voici là, des moyens efficaces pour la réalisation de vos idéaux.

Pour atteindre ses objectifs, il est souvent nécessaire de surmonter les obstacles qui se dressent sur notre chemin. Une action résolue et audacieuse est nécessaire pour surmonter les défis qui peuvent entraver nos aspirations. Pour concrétiser nos idéaux, il ne faut surtout pas se laisser décourager, mais plutôt aborder les problèmes comme des opportunités pour grandir, innover et progresser vers la réalisation de nos objectifs.

Amarys SHAKUR

Faisons de nos valeurs et principes la fonction essentielle de l'utilité de notre réussite.

Nos croyances éthiques et nos normes devraient guider nos actions et choix dans le processus de réalisation de nos objectifs et notre quête de réussite. Cette affirmation suggère que la réussite devrait être mesurée non seulement par des réalisations matérielles, mais aussi par la conformité à ce que nous considérons comme important et juste. En mettant en avant l'aspect utilitaire de la réussite lié aux valeurs et principes, elle invite à une approche équilibrée où la prospérité personnelle est en harmonie avec l'intégrité et la moralité.

Amarys SHAKUR

Il nous faut éviter, mieux s'éloigner de toute idée qui est source d'inertie visant à nous faire croiser les bras.

On est naturellement enclin à l'inaction ou la passivité. Pourtant, il est séant de rester à l'écart de toute situation et circonstance qui pourrait nous mener à un état de stagnation. Pour donc éviter cela, il est important de rester motivé, actif et engagé dans la poursuite de nos objectifs, en évitant les influences négatives (fréquentations, divertissements futiles, etc.) qui pourraient entraver notre dynamisme et notre progrès.

Amarys SHAKUR

Tous rêves infondés mènent à des réveils désagréables.

Des aspirations qui ne reposent pas sur des bases solides et réalistes conduiront très certainement à des déceptions et des désillusions. Cultiver des objectifs concrets et réalisables qui mènent à l'épanouissement, exige un don de soi, du travail et du pragmatisme.

Amarys SHAKUR

Tant que vous y consacrer attention et temps, votre but créera et vous fournira l'énergie nécessaire pour son accomplissement.

Nous sommes tous conscients de la nécessité et de l'importance d'accorder de l'attention et du temps à nos objectifs. Lorsque nous investissons notre énergie mentale comme émotionnelle, notre temps dans la poursuite d'un but, cela crée une dynamique positive qui génère l'élan nécessaire pour sa réalisation. En concentrant nos efforts et en nourrissant notre intention, nous activons une force interne qui nous propulse vers l'accomplissement.
Ne sou estimons jamais le lien entre l'attention, l'énergie et notre détermination dans la concrétisation de nos aspirations.

Tout se fait dans l'enthousiasme, la responsabilité et surtout efficacement lorsqu'on est certain que l'objectif est d'envergure.

Lorsque nous cheminons vers un objectif ambitieux et que nous assumons la responsabilité de sa réalisation, nous sommes plus enclins à agir efficacement et à surmonter tous types d'obstacles. L'importance et la grandeur de l'objectif motivent davantage et, nous pousse à donner le meilleur de nous-mêmes.

Amarys SHAKUR

J'emploie chaque minute de chaque jour à avancer vers les challenges, ainsi j'évite les chemins tracés pour affronter les obstacles tout en y laissant ma trace.

Plutôt que de suivre des chemins préétablis, il faut consacrer chaque instant à relever les défis et à progresser. L'initiative personnelle d'embrasser les obstacles au lieu de choisir des voies faciles laisse un impact significatif et marquant dans la vie. En repoussant les limites et en surmontant les difficultés, nous cultivons un esprit d'audace et de détermination. Allant ainsi au-delà du conventionnel pour, explorer des chemins moins, peu voire pas du tout fréquentés pour atteindre nos plus grandes aspirations.

Amarys SHAKUR

Je ne suis meilleur que personne, pas plus qu'exceptionnel. C'est l'ensemble de mes objectifs assignés qui fait de moi l'être d'exception que je semble être.

L'humilité et la crainte d'Allah consiste à reconnaître qu'on n'est meilleur ou exceptionnel que personne. Ce qui distingue chacun, c'est l'ensemble des objectifs spécifiques qu'il s'est fixés, sa singularité, ses qualités innées et acquises, qui ensemble lui permettent de se réaliser. Cela encourage à valoriser l'effort, l'engagement et la détermination qui contribuent à la réalisation et à l'excellence personnelle. Cette réalisation qui nous ouvre la voie vers l'Unique.

Amarys SHAKUR

Ma réussite ne se chiffre pas en succès, ni en devises, ni en célébrité d'ailleurs mais bien dans mon aptitude et ma capacité à rendre heureux autrui dans le respect et la bienveillance.

La notion traditionnelle du succès fait référence soit aux finances ou à la célébrité. La réussite personnelle ne peut être mesurée par des critères matériels, mais plutôt par la capacité à apporter du bonheur et du bien-être aux autres. Créer des relations positives et ainsi contribuer au bonheur d'autrui par des actions empreintes de respect et de compassion doit être un impératif. La valeur intrinsèque de la gentillesse et de l'empathie en tant que fondement de la réussite personnelle, prennent tout leur sens dans la capacité à apporter du bonheur et du positif autour de soi.

     Amarys SHAKUR

L'art de faire utilement les choses difficiles, avec une attention particulière et une énergie constante est là l'épreuve du courage, d'une discipline rigoureuse.

La véritable épreuve du courage réside dans la capacité à accomplir efficacement des tâches difficiles en y consacrant une attention minutieuse et une énergie constante. La bravoure qui le caractérise, se trouve dans la manière dont on aborde les défis. Notamment, avec engagement et persévérance. La discipline et la volonté de s'engager pleinement dans ces actions exigeantes définissent la qualité de notre travail sur les tâches les plus ardues avec dévouement et application. Ceci, nous révèle notre véritable détermination quant au maintien d'une discipline constante pour notre plein accomplissement.

                                    Amarys SHAKUR

L'une des plus grandes douleurs demeure d'aimer sincèrement quelqu'un qui ne veux plus nous voir.

La tristesse est profonde lorsque l'être aimé ne souhaite plus être en notre présence. Le chagrin est intense, l'épreuve difficile et la douleur insupportable à la fin d'une relation significative. Aimer implique des émotions. Et souvent, la séparation et/ou le rejet. Elle évoque le dilemme entre notre désir de rester près de quelqu'un qu'on aime et la réalité que cette personne ne souhaite plus partager notre amour.

Domptez vos sentiments et contrôlez vos désirs, ce sont là de précieuses clés de succès.

Il est important d'avoir de la retenue et une maîtrise émotionnelle, un contrôle de nos envies et désirs pour réussir. Elle suggère que pour atteindre ses objectifs, il est essentiel de ne pas laisser les émotions impulsives ou les désirs immédiats dicter nos actions. Dompter ses sentiments signifie gérer ses émotions de manière rationnelle. De même, contrôler ses désirs implique de ne pas se laisser entraîner par des impulsions qui pourraient détourner de l'objectif principal. Il est impératif de maintenir une discipline personnelle, elle développe des compétences qui sont de précieuses clés pour parvenir au succès, en prenant des décisions éclairées et évitant les distractions inutiles.

La vertu de l'amour et le courage de la charité sont là, des bénédictions non accessibles à tous.

La capacité d'aimer sincèrement et généreusement, ainsi que le courage de la charité, cette volonté d'aider et de donner aux autres, sont des bénédictions qui sont à la portée de chacun, indépendamment de leur statut ou de leur origine. De ce fait, ces qualités sont cultivées et exprimées uniquement par ceux qui ont choisi de faire don de leur être au monde.

Amarys SHAKUR

Je ne suis que la lumière de ton ombre Mère.

Ton existence, ta réussite ne sont qu'une extension, un reflet de la présence maternelle. Reconnaitre que ses accomplissements sont influencés et ont pour origine nos vaillantes mères (de par leur sens d'éducation et de management) est là, preuve d' humilité et d'une grande sagesse. Cela illustre bien la place, l'influence fondamentale qu'ont les parents sur le développement personnel et le parcours de l'enfant. Ils chérissent, protègent et contribuent pleinement à leur croissance et à leur épanouissement. Que ce soit en accompagnement, en conseils ou en inspiration, les mères demeurent un facteur prépondérant dans nos réussites et exploits d'ici-bas.

Amarys SHAKUR

La mémorisation découle de la grandeur de l'intérêt, de l'éveil de l'attention et d'une répétition suffisante.

Lorsque l'intérêt envers un sujet est profond, l'enthousiasme et la curiosité jouent un rôle essentiel dans la rétention d'informations. On met en avant l'importance de l'attention consciente et de l'éveil de l'esprit lors de l'apprentissage, ainsi que la concentration active qui ensemble favorisent la mémorisation. Toutefois, une répétition régulière demeure le facteur clé pour ancrer durablement les informations dans la mémoire. En somme, la conjugaison bien que complexe entre l'intérêt, l'attention et la répétition est d'un apport considérable dans le processus de mémorisation.

Amarys SHAKUR

La prise d'une multitude de résolutions n'est en rien une solution tant qu'elle est dénuée d'actions.

On prend tous surtout en début d'année de belles et nombreuses résolutions. Pourtant, le plus souvent, ces choix ne sont pas et/ou ne sont jamais suivis d'actions concrètes. C'est pourquoi, ils ne nous mènent nulle part. Pour concrétiser nos intentions et objectifs fixés, il nous faut de l'action. Prendre des résolutions est un premier pas, mais cela reste inefficace tant qu'elles ne sont pas suivies d'efforts et d'engagement pérennes. Le mignon piège de la procrastination ou de la complaisance, est un réel obstacle quant à la transformation des résolutions, et la mise en œuvre cohérente de nos actions.

La voie qui mène de la pauvreté à richesse n'est pas toujours pure et honorable car, est jonchée souvent de regrets et de remords.

L'itinéraire qui permet de passer de la pauvreté à la richesse n'est pas nécessairement et moralement irréprochable. Pour cela, certaines personnes choisissent des méthodes souvent douteuses et malhonnêtes. Ces choix par la suite, entrainent des sentiments de regret, avec leurs lots de culpabilité. Sacrifier son intégrité et ses valeurs pour obtenir des gains matériels, rend la richesse moins gratifiante. En somme, il est séant de réfléchir sur les choix qu'on fait pour parvenir à la richesse et à considérer les conséquences à long terme sur le bien-être émotionnel et moral.

La quête du Savoir est un bien long Chemin qui nécessite une marche lente, disciplinée et surtout une sage patience.

Ce chemin nécessite une progression graduelle et disciplinée, impliquant une marche lente et méthodique. De plus, la quête du savoir ne doit en aucun cas être précipitée. Elle doit faire preuve d'une patience sage, adopter une attitude réfléchie, apprécier le processus d'apprentissage, comprendre l'utilité et la nécessité du temps et de l'engagement. On retient le caractère vertueux de la patience dans la poursuite de nos initiatives qui nous met fortement en garde contre toute précipitation.

Amarys SHAKUR

Le fignolage inutile n'est le socle d'aucune œuvre durable.

Dans nos aventures objectives, trop de perfectionnisme peut être contre-productif. Se concentrer sur des finitions minutieuses et insignifiantes ne constitue pas une base solide pour créer quelque chose de durable et significatif. Il est plus avantageux de se concentrer sur les éléments essentiels et fondamentaux d'une création pour assurer sa pérennité et son utilité. Toutefois, il est important de trouver un équilibre entre la perfection et la nécessité de produire une œuvre de valeur à impact durable et considérable.

Amarys SHAKUR

Lorsque vous voulez convaincre, préférer l'émotion à l'influence car les sentiments sont plus puissants que les idées et nécessitent une sincérité profonde.

Les sentiments ont un impact plus fort que les arguments intellectuels, car ils peuvent toucher plus profondément et créer une connexion émotionnelle. Pour influencer, il est nécessaire d'être sincère et authentique dans la transmission des émotions plutôt que de se concentrer uniquement sur la logique ou les idées. Le pouvoir des émotions crée un lien sincère avec autrui et les amène à adhérer à un point de vue ou à une cause sans hypocrisie ni conflit inutile.

Amarys SHAKUR

Mettez des mots sur vos idées afin de les conserver, et naturellement les implémenter.

Verbaliser nos pensées permet de les organiser, de les clarifier et de les concrétiser. En exprimant nos idées, nous facilitons leur compréhension et leur mise en œuvre. Passer de la réflexion à l'action en transformant nos idées en paroles, peut nous aider à concrétiser nos objectifs de manière plus fluide et efficace.

Amarys SHAKUR

Mieux vaut être obligé de voir les choses telles qu'elles sont que la tendance de les voir telle qu'on le veut.

On a tous le choix entre faire face à la réalité objective ou plutôt la déformer selon nos désirs ou préférences. L'honnêteté dans la perception des situations et des faits, permet de confronter la réalité telle qu'elle est, même si cela peut être difficile ou inconfortable. En adoptant cette approche, nous sommes plus aptes à prendre des décisions éclairées et à agir de manière responsable, ce qui peut finalement conduire à de meilleurs résultats et à une compréhension plus profonde du monde qui nous entoure.

Mon Afrique, est aujourd'hui réservoir mondial de croissance pour tous sauf pour elle-même. Mais, certains je suis que cela prendra bientôt fin et plus vite que prévu.

Une réflexion sur l'état actuel de l'Afrique suscite tantôt inquiétude tantôt espoir. Inquiétude, en référence à la vision, aux agissements et surtout à la moralité des leaders actuels. Toutefois, un espoir demeure cette jeunesse dynamique et créative qui, est le vecteur capable de changer la donne. Rétablir ainsi l'équilibre, la réciprocité diplomatique afin que le continent bénéficie davantage de ses ressources et de son propre potentiel économique. Et, dans le vouloir de changer sa position dans l'ordre mondial actuel, mener une réflexion sur les opportunités et les défis auxquels le continent est confronté.

Amarys SHAKUR

Ne plus porter d'intérêt suffisant à une initiative si modeste soit-elle est la meilleure façon de l'abandonner tant consciemment que non consciemment.

Dans nos quêtes de bonheur, de réussite et d'accomplissement, on sait tous qu'il faut maintenir un intérêt constant. De même pour les petites initiatives, dès lorsque l'intérêt diminue, même légèrement, il devient plus facile d'abandonner. On se doit donc, de cultiver l'enthousiasme et de préserver pour maintenir la motivation et l'engagement envers nos actions, peu importe leur envergure. En gardant un intérêt actif, nous sommes plus enclins à persévérer et ainsi éviter un abandon prématuré.

Amarys SHAKUR

Ne souffrez point de vos egos, apprenez donc à être créatif et collaboratif, non d'éternels compétitifs.

Surmonter les aspects négatifs de son ego et adopter une approche créative et collaborative plutôt que compétitive est déjà un grand pas vers sa légende personnelle. Se laisser guider par l'ego peut causer des souffrances énormes. Tandis que la créativité et la collaboration favorisent des interactions plus positives et constructives. On se doit ainsi, de privilégier le partage d'idées, cultiver des relations harmonieuses, et travailler ensemble pour atteindre des objectifs communs plutôt que de se focaliser sur une compétition perpétuelle et des conflits inutiles.

Pour la plupart du temps, les plus instructifs enseignements de notre vie émanent des plus sombres moments que nous eûmes traversés.

Souvent, les leçons les plus importantes que nous apprenons dans la vie proviennent des moments difficiles que nous avons traversés. Nos défis et expériences sombres sont des occasions d'apprentissage profond et de croissance personnelle. Ces moments nous poussent à réfléchir, à nous adapter et à trouver des solutions, ce qui nous amène à découvrir des aspects nouveaux de nous-mêmes et à développer une meilleure compréhension de la vie. Voyons ces moments difficiles comme des opportunités d'apprentissage et apprenons à en tirer des enseignements précieux pour avancer.

Amarys SHAKUR

Qui d'autre que nous sommes le père de l'idée de notre projet ? Alors, ne laissons personne nous faire abandonner.

Nous sommes par la grâce du Créateur, les initiateurs des merveilles de nos vies. Ne laissons personnes ni aucunes circonstances nous décourager, ou nous faire abandonner nos aspirations. Cet état d'esprit nous permet de renforcer notre détermination malgré les obstacles. Notre confiance en nos propres idées doit être inébranlable. Ceci nous prédispose à résister aux influences négatives qui pourraient entraver notre progression.

 Amarys SHAKUR

Jeunes entrepreneurs, Il nous faut distinguer ce qu'on aime bien et ce qui fonctionne. Car, ce qu'on aime ne fonctionne pas toujours. Somme toute, l'idéal serait qu'on s'applique à faire fonctionner ce qu'on aime.

Un entrepreneur doit faire la distinction entre ces passions personnelles et ce qui fonctionne véritablement sur le plan commercial. Ce que l'on apprécie ne conduit pas nécessairement au succès. Cependant, un équilibre entre intérêts et stratégies est nécessaire pour accroitre ces chances de réussite dans le monde des affaires. La passion est importante, mais la viabilité économique et l'efficacité qu'elle exige sont des facteurs essentiels à considérer pour réussir.

      Amarys SHAKUR

La vie est avare de temps, et nous exige à affronter nos peurs afin d'agir pour ainsi pouvoir savourer pleinement sa vastitude.

C'est difficile de surmonter nos peurs et de saisir les opportunités de la vie, surtout avec le temps limité dont nous disposons. Apprendre à prendre conscience de nos peurs, à les reconnaître et à les exprimer verbalement, est notre premier pas vers l'action. En surmontant nos peurs, nous pouvons embrasser pleinement les expériences que la vie a à offrir et profiter de sa richesse. Cela nous rappelle que la vie est précieuse et qu'il est crucial d'agir malgré nos craintes pour en tirer le meilleur parti possible.

Amarys SHAKUR

Si le plan semble simple dans la réflexion, il demeure difficile et compliqué dans son exécution.

Il y'a un grand écart entre la conception d'un plan ou d'une idée et sa mise en œuvre concrète. Même si les choses semblent faciles et claires lorsqu'on y réfléchit, la réalisation pratique peut être complexe et très exigeante. La théorie peut différer de la pratique et l'exécution réussie nécessite bien des efforts, des ajustements et une compréhension des défis rencontrés. En somme, soyons prêts à affronter les difficultés et à persévérer dans l'exécution de nos plans malgré les obstacles.

Se trouver au pied d'une montagne et se souhaiter au sommet, ce n'est pas vouloir non ce n'est pas agir.

Entre l'action et nos désirs, il y'a tout un monde. Cette graine met en évidence la distinction entre simplement souhaiter quelque chose et agir activement pour l'atteindre. Il faut entreprendre des actions concrètes, persévérer dans l'effort pour surmonter les obstacles et progresser vers l'objectif souhaité. Les actions contrairement aux simples désirs sont essentielles pour transformer nos souhaits en réalité.

 Amarys SHAKUR

Si nous ressentons aujourd'hui le besoin d'une rééducation c'est que nous avons tourné le dos aux principes naturels en se berçant d'illusions, recherchant ainsi la facilité au lieu de demeurer fidèles à nos origines.

La réalité et l'actualité mettent en évidence la nécessité de se rééduquer en revenant aux principes naturels et en se détournant des illusions et des chemins faciles. Notre besoin actuel de rééducation découle du fait que nous nous sommes éloignés de nos valeurs fondamentales (travail, honneur, dignité, entraide...) en cherchant des solutions faciles (corruption, arnaque, tromperie...) plutôt que de rester fidèles à nos origines. A un moment ou à un autre il nous faut nous remettre en question, revoir nos choix et nos actions pour retrouver cette harmonie avec nous-même et ainsi cultiver une compréhension plus profonde et authentique de notre existence.

Amarys **SHAKUR**

Fin.

Amarys SHAKUR

De son vrai nom Amadou Mary SISSOKO, **Amarys SHAKUR** est un Consultant-Formateur, Speaker et Écrivain né en 1998 à Diangounté (Mali). Passionné de savoir, il obtint en 2016 son Bac au Lycée Technique de Bamako. Il fit ses études supérieures à l'UAMB[1] d'Algérie et à l'IAE [2] de Lyon III. Détenteur d'un premier Master en Marketing, il continue un second en Management des SI. Bénévole dans plusieurs associations, il vit actuellement en France où, il compte publier ses prochains livres.

Dans cette nouvelle édition, il nous présente un aperçu sur le pardon, l'espoir, le sacrifice, spiritualité et croyance l'impact de l'entourage …

Autant de thématiques qui vous feront voyager à travers votre propre être, à travers les mots et le temps.

---

[1] Université Abderrahmane Mira de Bejaia.
[2] Institut d'Administration des Entreprises.

                                        Amarys SHAKUR

Instagram : amarys_223

Facebook : Amarys Official

YouTube : Amarys SHAKUR Official

                                    Amarys SHAKUR

FSC
www.fsc.org
MIXTE
Papier issu
de sources
responsables
Paper from
responsible sources
FSC® C105338